Impressum
Verlag: BABADADA GmbH, Nedderfeld 112 , 22529 Hamburg
Geschäftsführer / Verlagsleitung: Harald Hof
Druck: Books on Demand GmbH, In de Tarpen 42, 22848 Norderstedt

Imprint
Publisher: BABADADA GmbH, Nedderfeld 112 , 22529 Hamburg, Germany
Managing Director / Publishing direction: Harald Hof
Print: Books on Demand GmbH, In de Tarpen 42, 22848 Norderstedt

школа

koulu

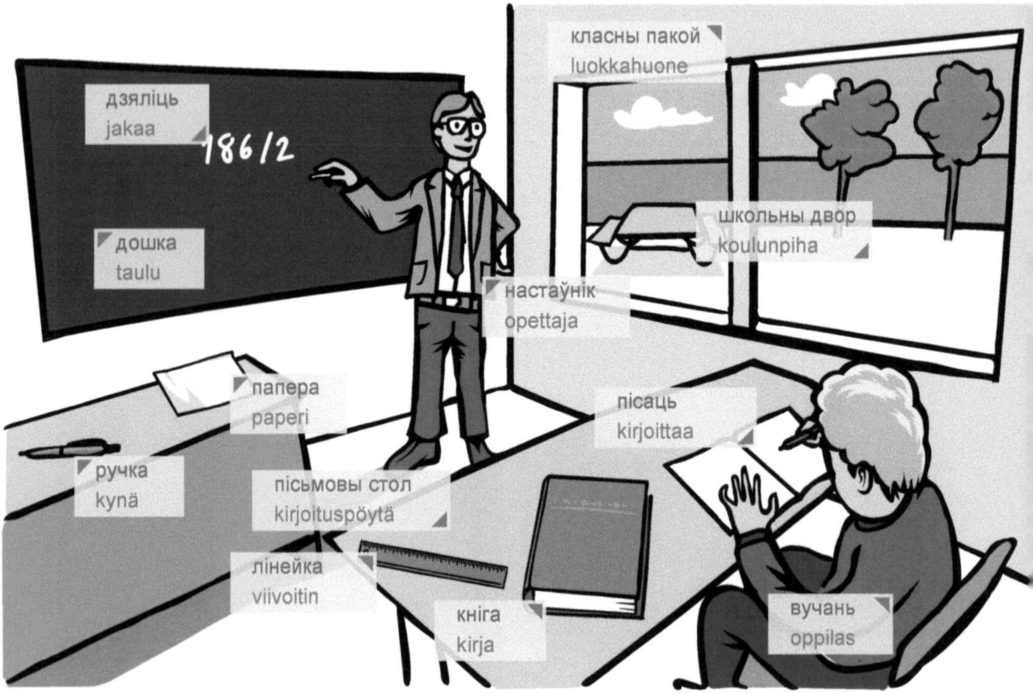
класны пакой
luokkahuone
дзяліць
jakaa
186/2
дошка
taulu
школьны двор
koulunpiha
настаўнік
opettaja
папера
paperi
пісаць
kirjoittaa
ручка
kynä
пісьмовы стол
kirjoituspöytä
лінейка
viivoitin
кніга
kirja
вучань
oppilas

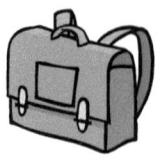

ранец

reppu

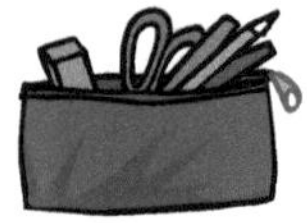

пенал

penaali

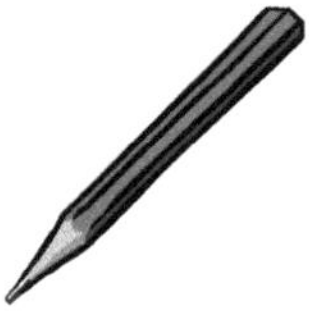

просты аловак

lyijykynä

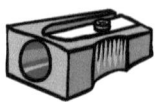

тачылка для алоўкаў

kynänteroitin

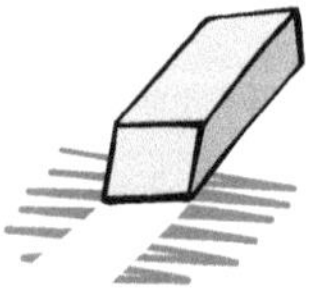

гумка

pyyhekumi

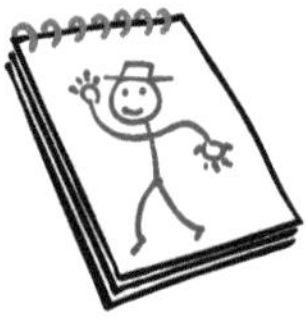

альбом для малявання

piirustuslehtiö

малюнак

piirustus

пэндзлік

pensseli

фарбы

vesivärit

нажніцы

sakset

клей

liima

сшытак

harjoituskirja

хатняе заданне

kotitehtävä

12

лік

luku

2+2

дадаваць

lisätä

5-2

адымаць

vähentää

2×2

множыць

kertoa

лічыць

laskea

A

літара

kirjain

ABCDEFG
HIJKLMN
OPQRSTU
VWXYZ

алфавіт

aakkoset

hello

слова

sana

тэкст

teksti

чытаць

lukea

крэйда

liitu

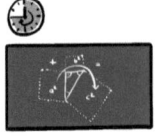

ўрок

oppitunti

класны журнал

opettajan muistikirja

экзамен

koe

атэстат

todistus

школьная форма

koulupuku

адукацыя

koulutus

энцыклапедыя

sanakirja

універсітэт

yliopisto

мікраскоп

mikroskooppi

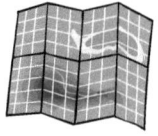

карта

kartta

смеццевы кошык

roskakori

падарожжа

matka

Grand
гатэль
hotelli
хостэл
retkeilymaja
ROOMS
CHANGE
абменны пункт
rahanvaihto
чамадан
matkalaukku
аўтамабіль
auto

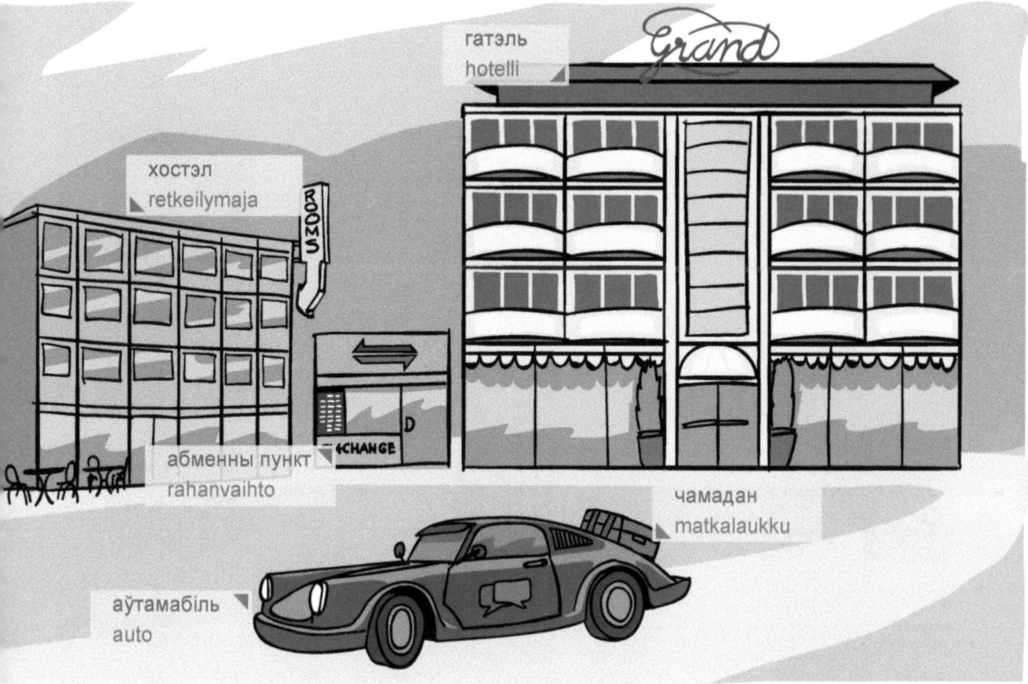

мова

kieli

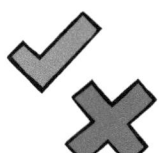

так / не

kyllä / ei

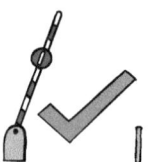

добра

selvä

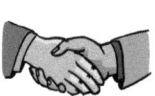

прывітанне!

hei

перакладчык

tulkki

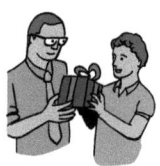

дзякуй

kiitos

Колькі каштуе....?

Paljonko...maksaa?

я не разумею

en ymmärrä

праблема

ongelma

Добры вечар!

Hyvää iltaa!

Добрай раніцы!

Hyvää huomenta!

Дабранач!

Hyvää yötä!

да пабачэння

näkemiin

кірунак

suunta

багаж

matkatavarat

сумка

laukku

заплечнік

reppu

госць

vieras

пакой

huone

спальны мяшок

makuupussi

палатка

teltta

інфармацыя для турыстаў

turisti-info

пляж

ranta

крэдытная картка

luottokortti

снеданне

aamupala

абед

lounas

вячэра

päivällinen

праязны білет

matkalippu

ліфт

hissi

паштовая марка

postimerkki

мяжа

raja

мытня

tulli

пасольства

suurlähetystö

віза

viisumi

пашпарт

passi

транспарт

kuljetus

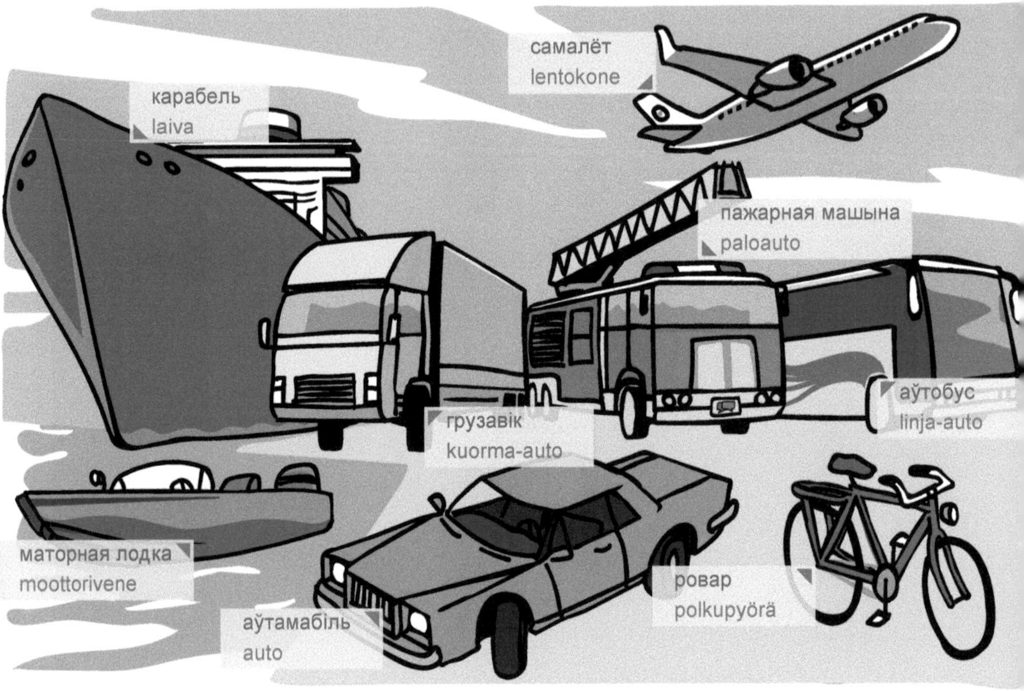
самалёт
lentokone
карабель
laiva
пажарная машына
paloauto
аўтобус
linja-auto
грузавік
kuorma-auto
маторная лодка
moottorivene
ровар
polkupyörä
аўтамабіль
auto

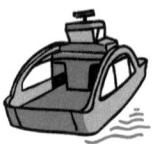

паром

lautta

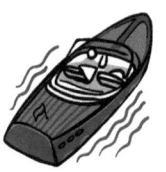

лодка

vene

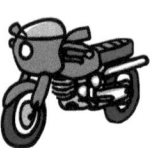

матацыкл

moottoripyörä

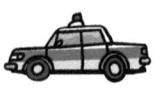

паліцэйская машына

poliisiauto

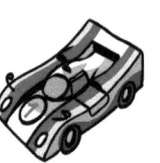

гоначны аўтамабіль

kilpa-auto

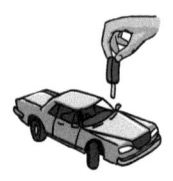

арэндаваны аўтамабіль

vuokra-auto

сумеснае карыстанне аўтамабілем

car sharing

эвакуатар

hinausauto

смеццявоз

roska-auto

матор

moottori

паліва

polttoaine

запраўка

huoltoasema

дарожны знак

liikennemerkki

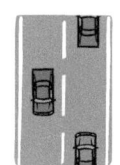

дарожны рух

liikenne

затор

ruuhka

паркоўка

parkkipaikka

чыгуначная станцыя

rautatieasema

рэйкі

raiteet

цягнік

juna

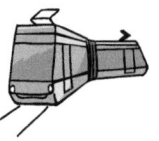

трамвай

raitiovaunu

вагон

vaunu

верталёт

helikopteri

аэрапорт

lentokenttä

вежа

lähilennonjohto

пасажыр

matkustaja

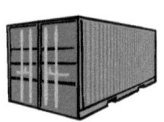

кантэйнер

kontti

кардонная скрыня

pahvilaatikko

тачка

kärryt

карзіна

kori

ўзлятаць / прызямляцца

nousta / laskea

горад

kaupunki

вёска

kylä

цэнтр горада

keskusta

дом

talo

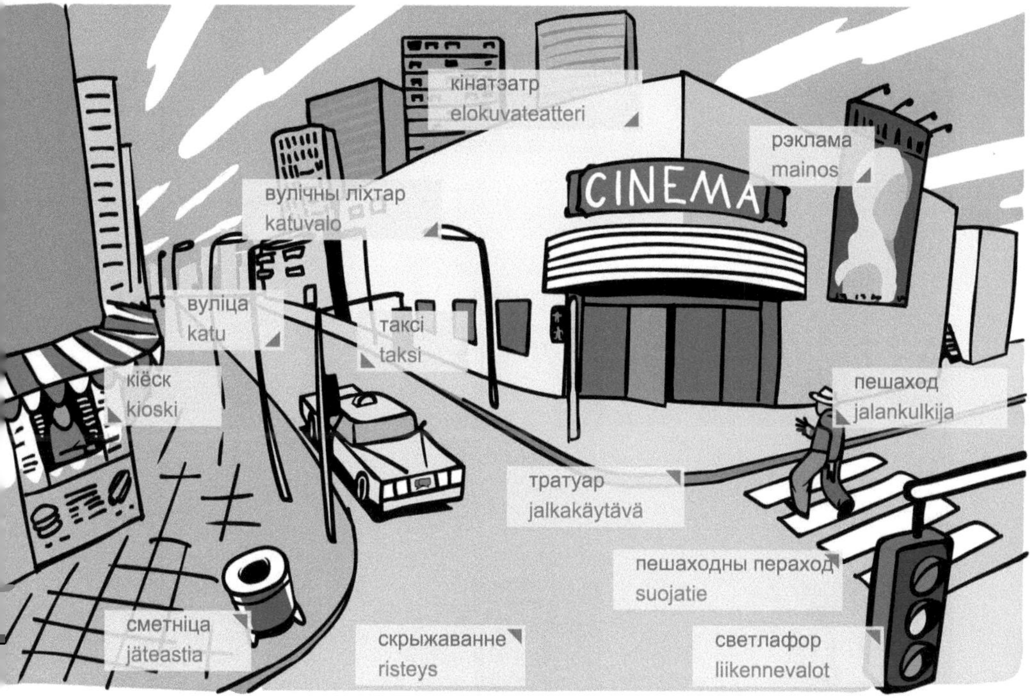

кінатэатр
elokuvateatteri
рэклама
mainos
CINEMA
вулічны ліхтар
katuvalo
вуліца
katu
таксі
taksi
кіёск
kioski
пешаход
jalankulkija
тратуар
jalkakäytävä
пешаходны пераход
suojatie
сметніца
jäteastia
скрыжаванне
risteys
светлафор
liikennevalot

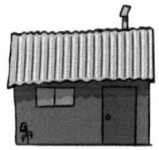

халупа

mökki

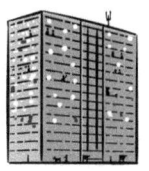

кватэра

kerrostalo

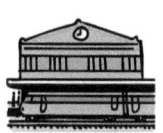

чыгуначная станцыя

rautatieasema

ратуша

kaupungintalo

MUSEUM

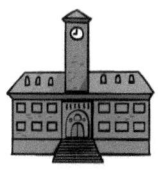

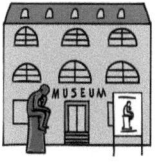

музей

museo

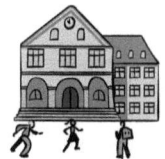

школа

koulu

універсітэт

yliopisto

банк

pankki

шпіталь

sairaala

гатэль

hotelli

аптэка

apteekki

офіс

toimisto

кнігарня

kirjakauppa

крама

liike

кветкавая крама

kukkakauppa

супермаркет

supermarketti

кірмаш

tori

універмаг

tavaratalo

рыбная крама

kalakauppias

гандлевы цэнтр

ostoskeskus

порт

satama

парк
puisto

лава
penkki

мост
silta

лесвіца
portaat

метро
metro

тунэль
tunneli

прыпынак
linja-autopysäkki

бар
baari

рэстаран
ravintola

паштовая скрыня
postilaatikko

вулічны паказальнік
katukyltti

паркамат
parkkimittari

заапарк
eläintarha

басейн
uimala

мячэць
moskeija

сядзіба

maatila

забруджванне
навакольнага асяроддзя

ympäristön saastuminen

могілкі

hautausmaa

царква

kirkko

пляцоўка для гульні

leikkikenttä

храм

temppeli

краявід
maisema

ліст
lehti

паказальнік
tienviitta

дарога
tie

луг
niitty

камень
kivi

дрэва
puu

падарожнік
retkeilijä

рака
joki

трава
ruoho

кветка
kukka

даліна

laakso

гара

vuori

возера

järvi

лес

metsä

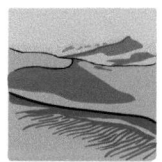

пустыня

aavikko

вулкан

tulivuori

замак

linna

вясёлка

sateenkaari

грыб

sieni

пальма

palmu

камар

hyttynen

муха

kärpänen

мурашка

muurahainen

пчала

mehiläinen

павук

hämähäkki

жук

kovakuoriainen

жаба

sammakko

вавёрка

orava

вожык

siili

заяц

jänis

сава

pöllö

птушка

lintu

лебедзь

joutsen

дзік

villisika

алень

peura

лось

hirvi

плаціна

pato

вятрак

tuulimylly

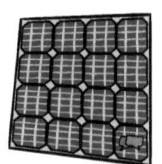

сонечная батарэя

aurinkopaneeli

клімат

ilmasto

афіцыянт
tarjoilija

меню
ruokalista

крэсла
tuoli

суп
keitto

піца
pitsa

абрус
pöytäliina

сталовыя прыборы
ruokailuvälineet

закуска
alkuruoka

другая страва
pääruoka

дэсерт
jälkiruoka

напоі
juomat

ежа
ruoka

бутэлька
pullo

хуткае харчаванне (фаст-фуд)

pikaruoka

стрыт-фуд

katuruoka

імбрык (чайнік)

teekannu

цукарніца

sokeriastia

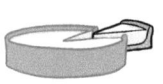

порцыя

annos

эспрэса-машына

espressokeitin

дзіцячае крэселка

syöttötuoli

рахунак

lasku

паднос

tarjotin

нож

veitsi

відэлец

haarukka

лыжка

lusikka

чайная лыжка

teelusikka

сурвэтка

servietti

шклянка

lasi

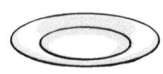

талерка

lautanen

супавая талерка

syvä lautanen

сподак

aluslautanen

соус

kastike

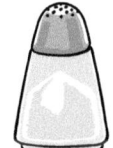

сальніца

suolasirotin

млынок для перцу

pippurimylly

воцат

etikka

алей

öljy

спецыі

mausteet

кетчуп

ketsuppi

гарчыца

sinappi

маянэз

majoneesi

супермаркет

supermarketti

акцыя
tarjous
FOR
пакупнік
asiakas
малочныя прадукты
maitotuotteet
садавіна
hedelmät
вазок
ostoskärryt

BUTCHERS

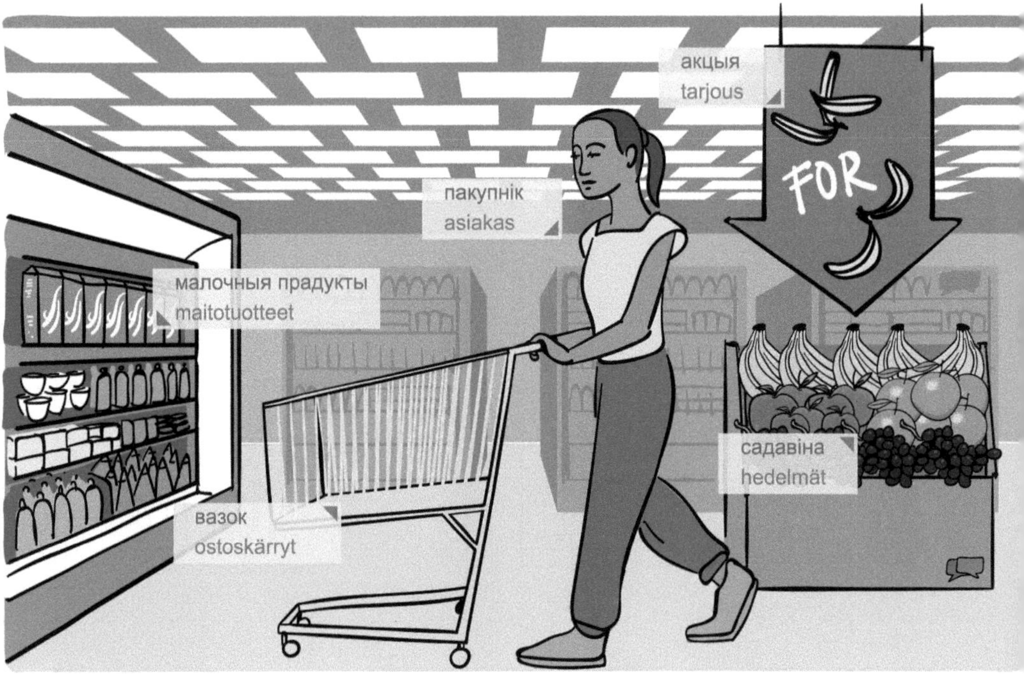

мясная крама

teurastamo

BAKERY

хлебны магазін

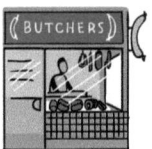

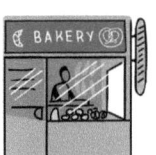

leipomo

важыць

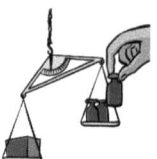

punnita

гароднiна

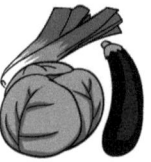

kasvikset

мяса

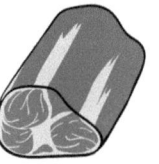

liha

свежазамарожаныя прадукты

pakasteet

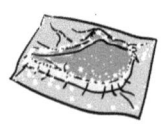

нарэзка

leikkele

кансервы

säilykkeet

пральны парашок

pesujauhe

прысмакі

makeiset

хатнія прылады

kotitaloustarvikkeet

чысцячы сродак

puhdistusaineet

прадавец

myyjä

каса

kassa

касір

kassanhoitaja

спіс пакупак

ostoslista

гадзіны працы

aukioloajat

бумажнік

lompakko

крэдытная картка

luottokortti

сумка

kassi

пакет

muovipussi

вада

vesi

сок

mehu

малако

maito

кола

kokis

віно

viini

піва

olut

алкаголь

alkoholi

какава

kaakao

гарбата (чай)

tee

кава

kahvi

эспрэса

espresso

капучына

cappuccino

банан

banaani

яблык

omena

апельсін

appelsiini

дыня

meloni

лімон

sitruuna

морква

porkkana

часнок

valkosipuli

бамбук

bambu

цыбуля

sipuli

грыб

sieni

арэхі

pähkinät

локшына

spagetti

спагеці

spagetti

рыс

riisi

салата

salaatti

бульба фры

ranskalaiset

смажаная бульба

paistetut perunat

піца

pitsa

гамбургер

hampurilainen

бутэрброд

voileipä

шніцаль

leike

вяндліна

kinkku

салямі

salami

каўбаса

makkara

курыца

kana

смажаніна

paisti

рыбак

kala

аўсяныя камякі

kaurahiutaleet

мюслі

mysli

кукурузныя шматкі

murot

мука

jauho

круасан

voisarvi

булачка

sämpylä

хлеб

leipä

тост

paahtoleipä

пячэнне

keksit

масла

voi

тварог

rahka

пірог

kakku

яйка

kananmuna

яечня

paistettu kananmuna

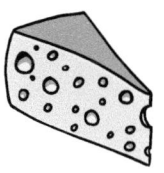

сыр

juusto

ежа - ruoka

марожанае

jäätelö

цукар

sokeri

мёд

hunaja

варэнне

hillo

нуга

suklaapähkinälevite

кары

curry

сядзіба

maatila

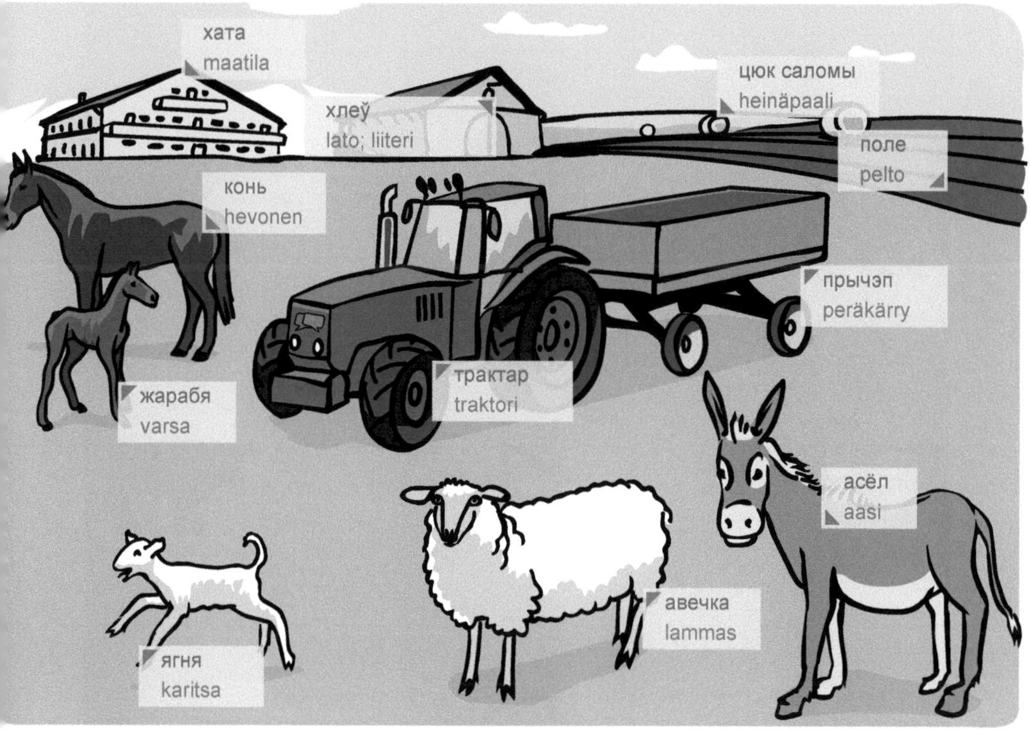
хата
maatila
хлеў
lato; liiteri
цюк саломы
heinäpaali
поле
pelto
конь
hevonen
прычэп
peräkärry
трактар
traktori
жарабя
varsa
асёл
aasi
авечка
lammas
ягня
karitsa

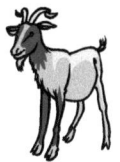

каза

vuohi

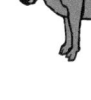

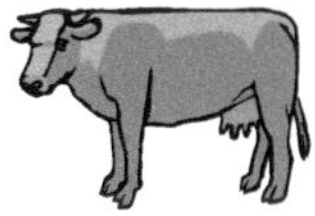

карова

lehmä

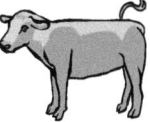

цяля

vasikka

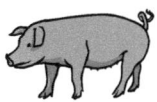

свіння

sika

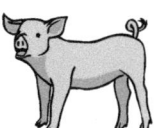

парася

porsas

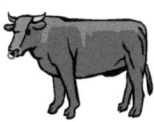

бык

sonni

гусак

hanhi

качка

ankka

кураня

tipu

курыца

kana

певень

kukko

пацук

rotta

кот

kissa

мыш

hiiri

вол

härkä

сабака

koira

сабачая будка

koirankoppi

садовы шланг

puutarhaletku

палівачка

kastelukannu

каса

viikate

плуг

aura

серп

sirppi

матыка

kuokka

вілы для гною

talikko

сякера

kirves

тачка

kottikärryt

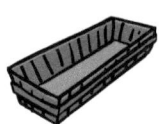

карыта

kaukalo

бітон для малака

maitokannu

мех

säkki

плот

aita

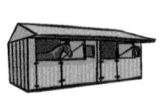

хлеў

talli

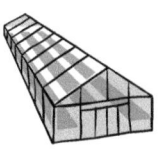

цяпліца

kasvihuone

глеба

maa

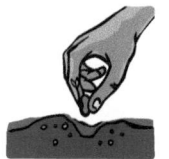

насенне

siemen

угнаенне

lannoite

камбайн

leikkuupuimuri

збіраць ураджай

kerätä sato

ураджай

sato

ямс

jamssit

пшаніца

vehnä

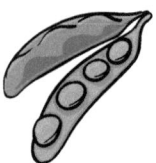

соя

soija

бульба

peruna

кукуруза

maissi

рапс

rypsi

садовае дрэва

hedelmäpuu

маніёк

maniokki

збожжа

vilja

дом

talo

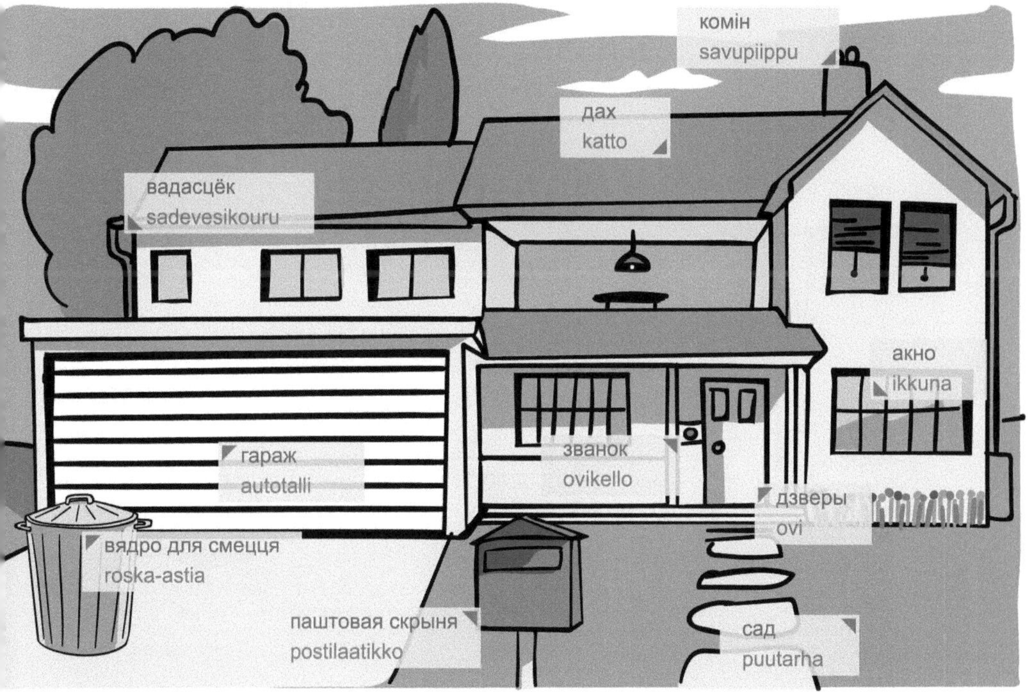
комін
savupiippu
дах
katto
вадасцёк
sadevesikouru
акно
ikkuna
гараж
autotalli
званок
ovikello
дзверы
ovi
вядро для смецця
roska-astia
паштовая скрыня
postilaatikko
сад
puutarha

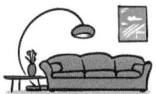

жылы пакой

olohuone

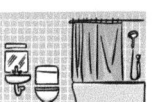

ванная

kylpyhuone

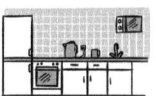

кухня

keittiö

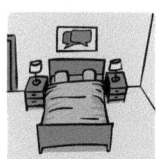

спальны пакой

makuuhuone

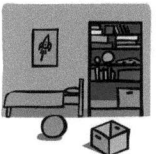

дзіцячы пакой

lastenhuone

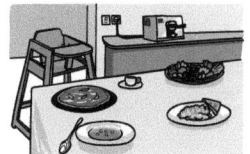

сталоўка

ruokahuone

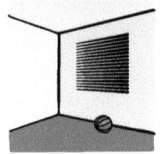

падлога

lattia

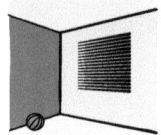

сцяна

seinä

столь

katto

падвал

kellari

саўна

sauna

балкон

parveke

тэраса

terassi

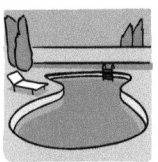

басейн

uima-allas

касілка

ruohonleikkuri

падкоўдранік

lakana

коўдра

päiväpeitto

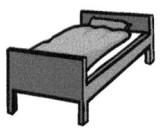

ложак

sänky

венік

harja

вядро

ämpäri

выключальнік

katkaisin

жылы пакой
olohuone

шпалеры
tapetti
малюнак
kuva
лямпа
lamppu
паліца
hylly
шафа
kaappi
тэлевізар
televisio
камін
takka
кветка
kukka
падушка
tyyny
канапа
sohva
ваза
maljakko
пульт
kaukosäädin

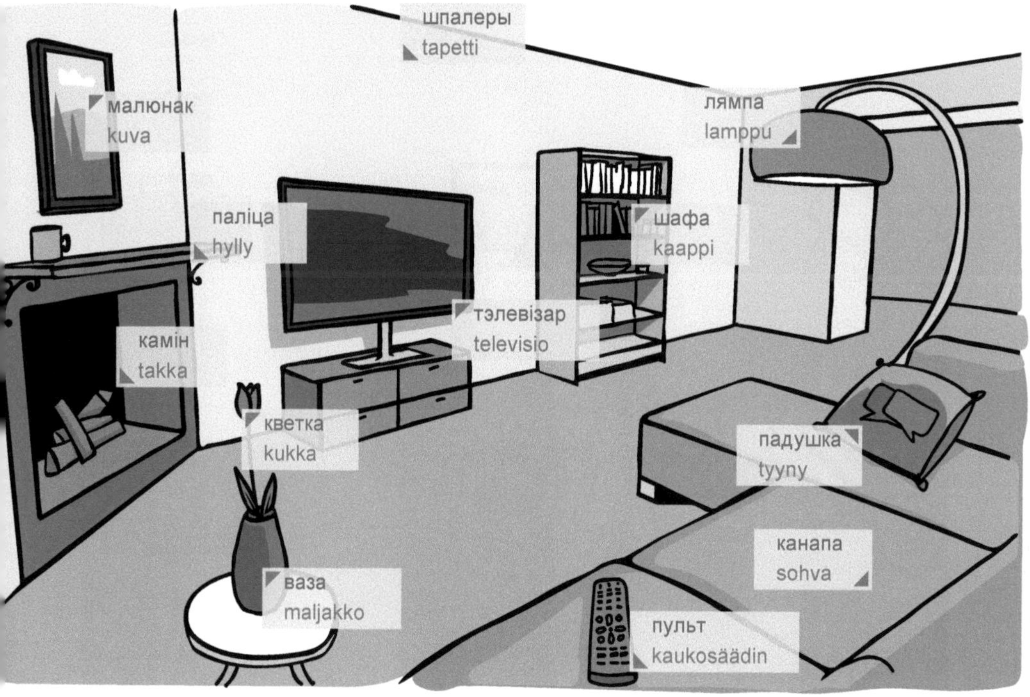

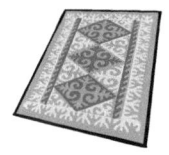

дыван

matto

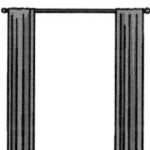

фіранка

verho

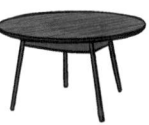

стол

pöytä

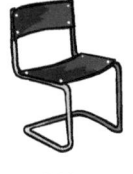

крэсла

tuoli

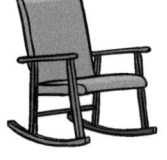

крэсла-качалка

keinutuoli

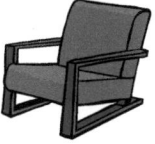

крэсла

nojatuoli

кніга
kirja

коўдра
peitto

дэкарацыя
koriste

дровы
polttopuut

кіно
elokuva

стэрэасістэма
stereot

ключ
avain

газета
sanomalehti

карціна
maalaus

постар
juliste

радыё
radio

нататнік
muistivihko

пыласос
pölynimuri

кактус
kaktus

свечка
kynttilä

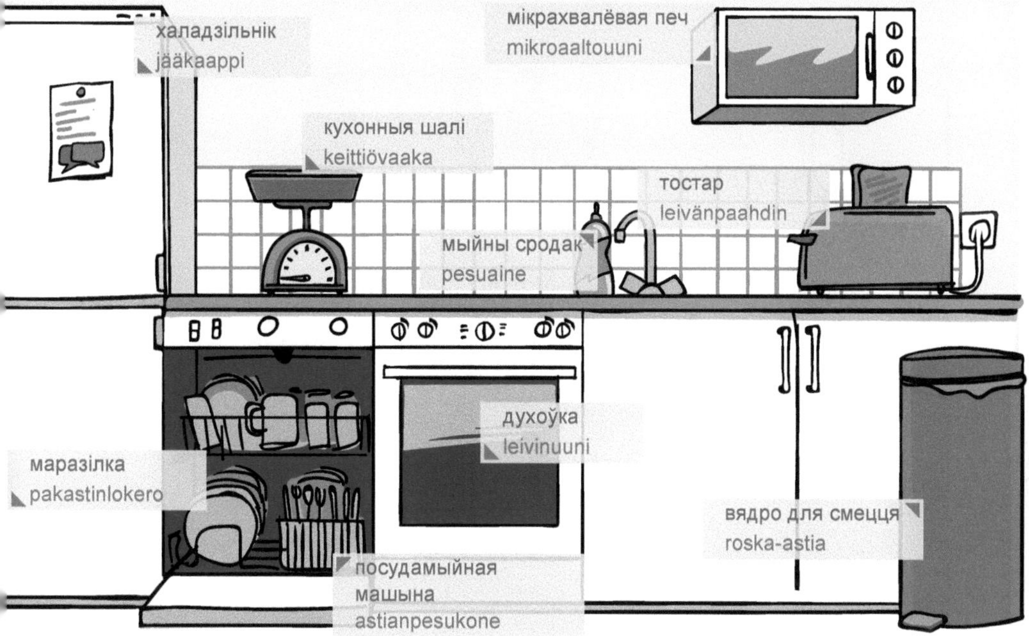

халадзільнік
jääkaappi

мікрахвалёвая печ
mikroaaltouuni

кухонныя шалі
keittiövaaka

тостар
leivänpaahdin

мыйны сродак
pesuaine

духоўка
leivinuuni

маразілка
pakastinlokero

вядро для смецця
roska-astia

посудамыйная
машына
astianpesukone

плíта
....
liesi

рондаль
....
kattila

чыгунок
....
rautapata

Вок / кадаі
....
vokkipannu / kadai-pannu

патэльня
....
paistinpannu

чайнік
....
teepannu

параварка

höyrykeitin

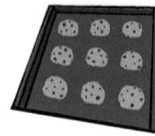

бляха

uunipelti

посуд

astiat

кубак

muki

міска

kulho

палачкі для ежы

syömäpuikot

чарпак

kauha

лапатачка

paistinlasta

збівалка

vispilä

сіта для варэння

siivilä

сіта

siivilä

тарка

raastin

ступка

mortteli

грыль

grilli

вогнішча

avotuli

дошка

leikkuulauta

качалка

kaulin

штопар

korkinavaaja

бляшанка

purkki

адкрывалка

purkinavaaja

прыхваткі

pannulappu

ракавіна

lavuaari

шчотка

tiskiharja

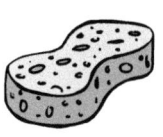

губка

pesusieni

міксер

tehosekoitin

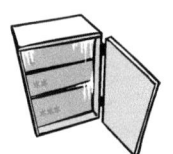

маразільная камера

pakastin

бутэлечка

tuttipullo

вадаправодны кран

vesihana

ванная

kylpyhuone

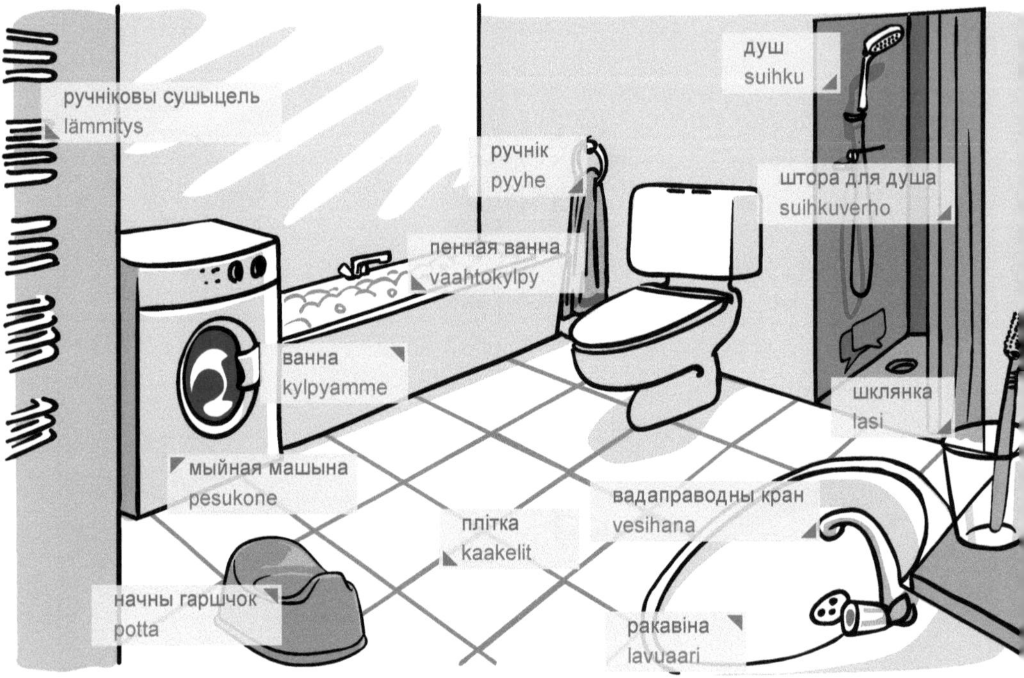

душ
suihku
ручніковы сушыцель
lämmitys
ручнік
pyyhe
штора для душа
suihkuverho
пенная ванна
vaahtokylpy
ванна
kylpyamme
шклянка
lasi
мыйная машына
pesukone
вадаправодны кран
vesihana
плітка
kaakelit
начны гаршчок
potta
ракавіна
lavuaari

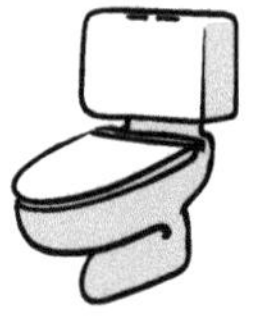

туалет

vessa

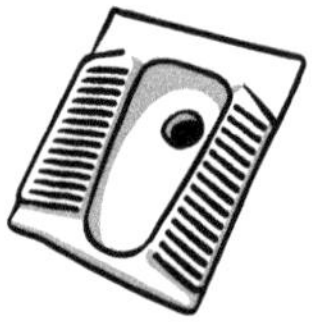

падлогавы ўнітаз

kyykkyvessa

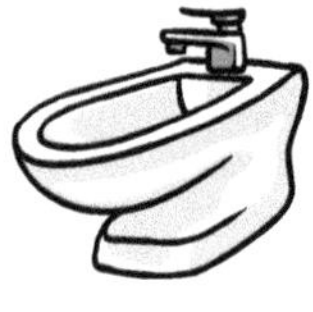

бідэ

bidee

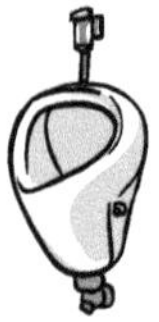

пісуар

pisuaari

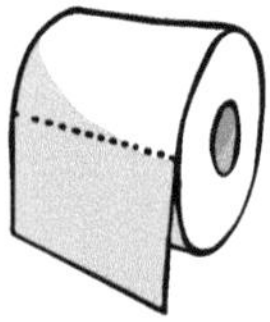

туалетная папера

vessapaperi

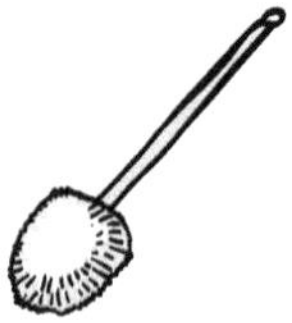

шчотка для чысткі ўнітаза

vessaharja

зубная шчотка

hammasharja

зубная паста

hammastahna

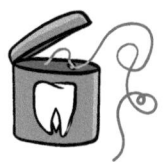

зубная нітка

hammaslanka

мыць

pestä

ручны душ

käsisuihku

інтымны душ

intiimisuihku

умывальнік

pesuvati

шчотка для спіны

selkäharja

мыла

saippua

гель для душа

suihkugeeli

шампунь

shampoo

вяхотка

pesulappu

вадасцёк

viemäri

крэм

voide

дэзадарант

deodorantti

люстэрка

peili

касметычнае люстэрка

käsipeili

станок для галення

partaveitsi

пена для галення

partavaahto

ласьён пасля галення

partavesi

грэбень

kampa

шчотка

harja

фен

hiustenkuivaaja

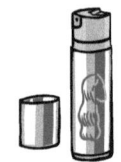

лак для валасоў

hiuslakka

касметыка

meikki

памада

huulipuna

лак для пазногцяў

kynsilakka

вата

pumpuli

манікюрныя нажніцы

kynsisakset

духі

hajuvesi

касметычка

kosmetiikkalaukku

табурэтка

jakkara

вагі

vaaka

лазневы халат

kylpytakki

санітарныя пальчаткі

kumihansikkaat

тампон

tamponi

гігіенічныя пракладкі

terveysside

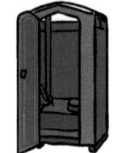

біятуалет

kemiallinen wc

дзіцячы пакой

lastenhuone

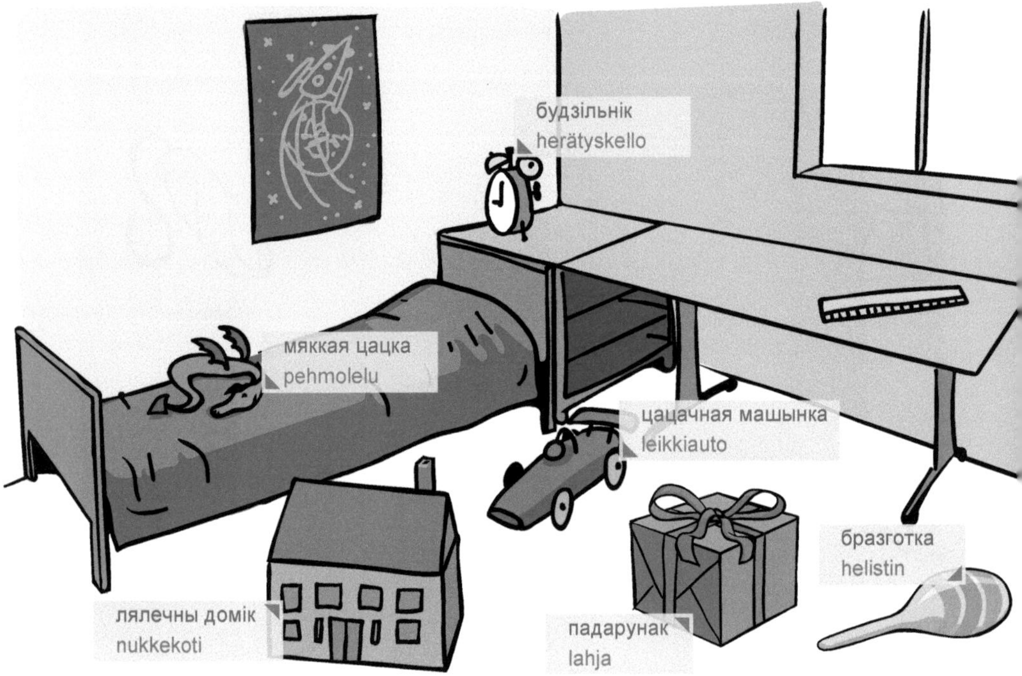
будзільнік
herätyskello
мяккая цацка
pehmolelu
цацачная машынка
leikkiauto
бразготка
helistin
лялечны домік
nukkekoti
падарунак
lahja

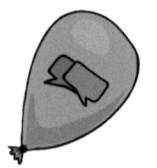

надзіманы шарык

ilmapallo

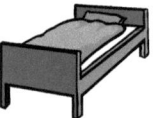

ложак

sänky

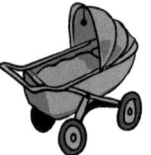

дзіцячая каляска

lastenvaunut

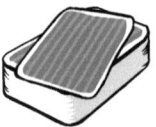

калода картаў

korttipeli

пазл

palapeli

SUPER
MEGA

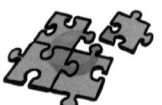

комікс

sarjakuva

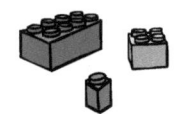

канструктар "Лега"

legopalikat

канструктар

rakennuspalikat

экшэн-фігурка

supersankari

дзіцячы гарнітур

potkupuku

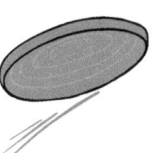

фрызбі

frisbee

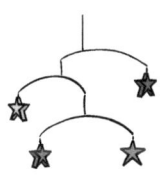

дзіцячы мабіль

mobile

настольная гульня

lautapeli

кубік

noppa

дзіцячая чыгунка

pienoisjunarata

пустышка

tutti

дзіцячае свята

juhlat

кніга з малюнкамі

kuvakirja

мячык

pallo

лялька

nukke

гуляцца

leikkiä

пясочніца

hiekkalaatikko

арэлі

keinu

цацкі

lelut

гульнявая відэа прыстаўка

pelikonsoli

трохколавы ровар

kolmipyörä

плюшавы мішка

nalle

шафа

vaatekaappi

адзенне
vaatteet

шкарпэткі

sukat

панчохі

nylonsukat

калготкі

sukkahousut

шалік
kaulaliina

парасон
sateenvarjo

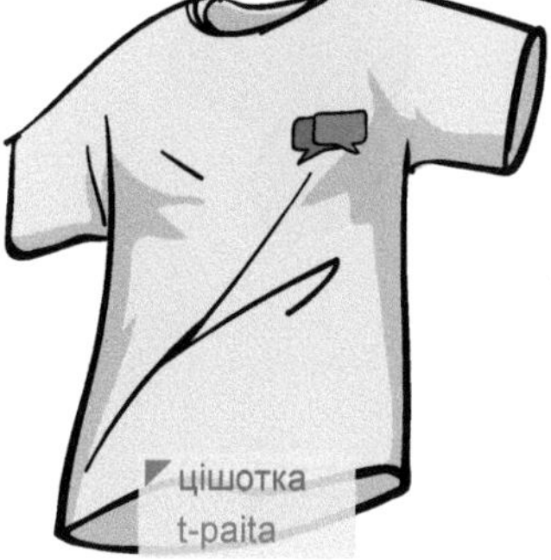

рамень
vyö

цішотка
t-paita

красоўкі
lenkkarit

боты
saappaat

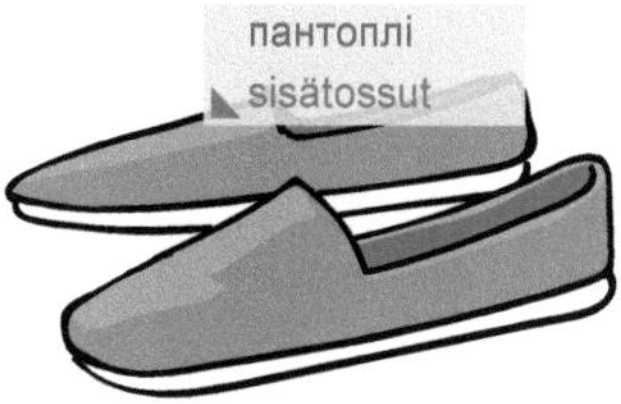

пантоплі
sisätossut

сандалі

sandaalit

абутак

kengät

гумовыя боты

kumisaappaat

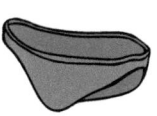

трусы

alushousut

бюстгальтар

rintaliivit

майка

aluspaita

бодзі

body

штаны

housut

джынсы

farkut

спадніца

hame

блузка

pusero

кашуля

paita

джэмпер

villapaita

талстоўка

collegepaita

блэйзер

jakku

куртка

takki

паліто

takki

дажджавік

sadetakki

касцюм

puku

сукенка

mekko

вясельная сукенка

hääpuku

касцюм

puku

начная сарочка

yöpaita

піжама

pyjama

сары

shari

хустка

päähuivi

цюрбан

turbaani

паранджа

burka

каптан

kaftaani

Абая

abaya

купальнік

uimapuku

плаўкі

uimahousut

шорты

shortsit

спартыўны касцюм

verkkarit

фартух

esiliina

пальчаткі

käsineet

гузік

nappi

акуляры

silmälasit

бранзалет

rannekoru

каралі

kaulakoru

кальцо

sormus

завушніца

korvakoru

кепка

lippalakki

вешалка

ripustin

капялюш

hattu

гальштук

solmio

маланка

vetoketju

шлем

kypärä

падцяжкі

henkselit

школьная форма

koulupuku

уніформа

univormu

нагруднік
ruokalappu

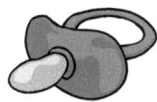

пустышка
tutti

падгузнік
vaippa

офіс
toimisto

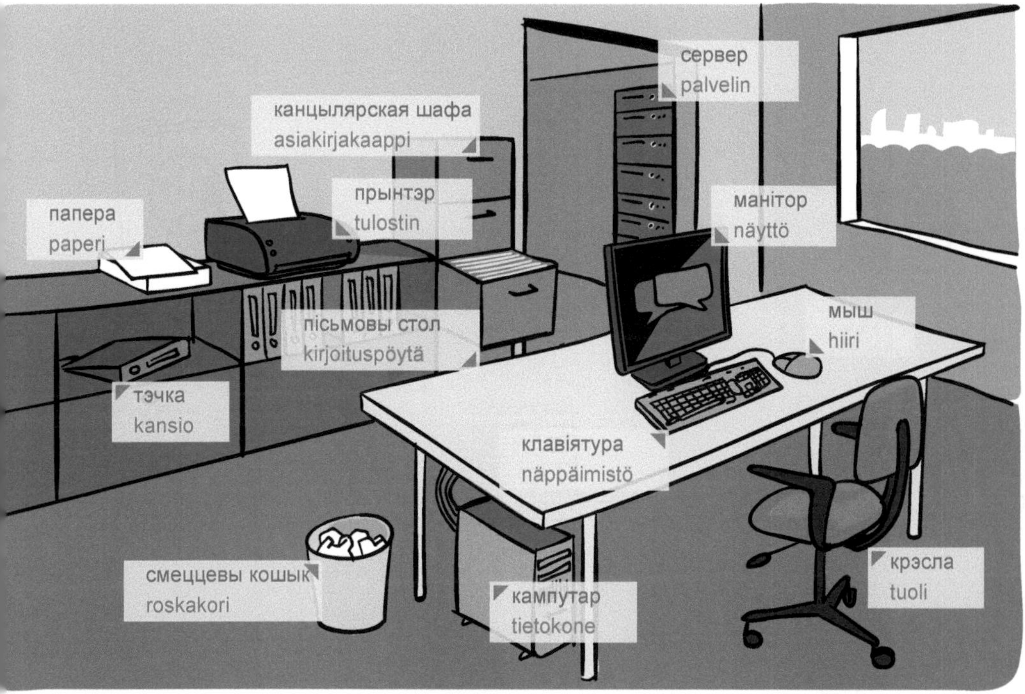

сервер
palvelin

канцылярская шафа
asiakirjakaappi

прынтэр
tulostin

манітор
näyttö

папера
paperi

пісьмовы стол
kirjoituspöytä

мыш
hiiri

тэчка
kansio

клавіятура
näppäimistö

смеццевы кошык
roskakori

кампутар
tietokone

крэсла
tuoli

убак для кавы (філіжанка)

kahvimuki

калькулятар
taskulaskin

інтэрнэт
internet

ноўтбук

kannettava tietokone

ліст

kirje

паведамленне

viesti

мабільны тэлефон

kännykkä

сетка

verkko

ксеракс

kopiokone

праграмнае забеспячэнне

ohjelmisto

тэлефон

puhelin

разетка

pistorasia

факс

faksi

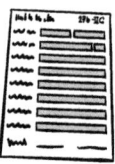

фармуляр

lomake

дакумент

asiakirja

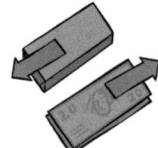

купляць

ostaa

плаціць

maksaa

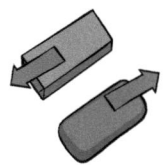

гандляваць

vaihtaa

грошы

raha

USD

долар

dollari

EUR

еўра

euro

JPY

ена

jeni

RUB

рубель

rupla

CHF

франк

frangi

CNY

кітайскі юань

renminbi juan

INR

рупія

rupia

банкамат

pankkiautomaatti

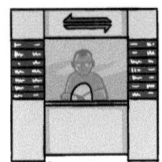

абменны пункт

rahanvaihto

золата

kulta

срэбра

hopea

нафта

öljy

энергія

energia

цана

hinta

кантракт

sopimus

падатак

vero

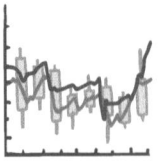

акцыя

osake

працаваць

työskennellä

служачы

työntekijä

працадаўца

työnantaja

фабрыка

tehdas

крама

liike

прафесіі
ammatit

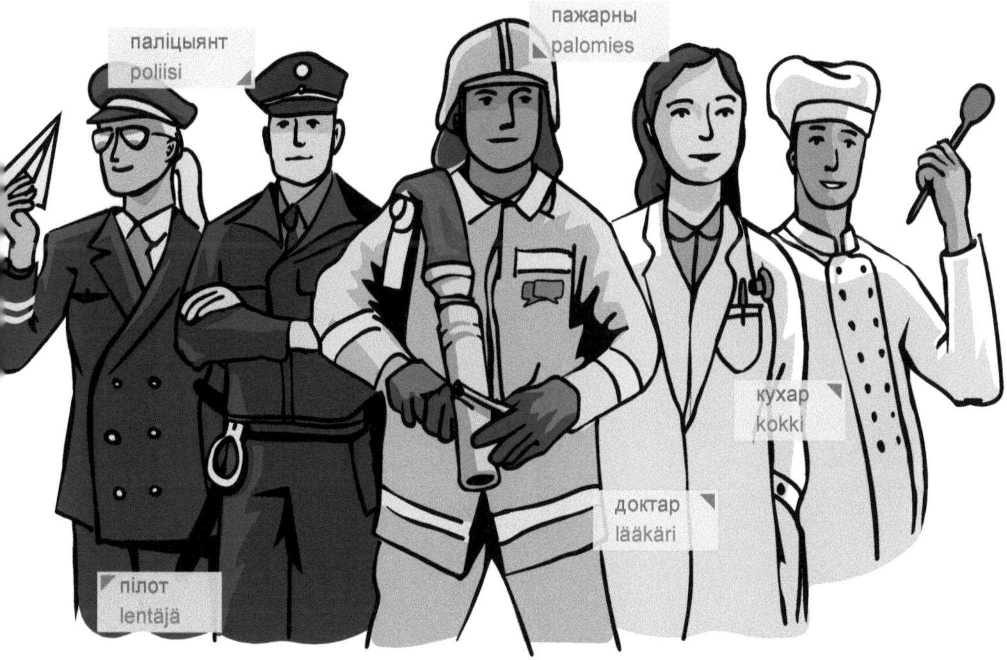

паліцыянт
poliisi
пажарны
palomies
кухар
kokki
доктар
lääkäri
пілот
lentäjä

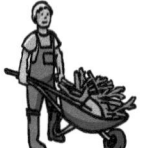

садоўнік

puutarhuri

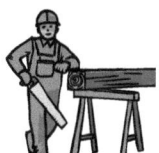

слесар

puuseppä

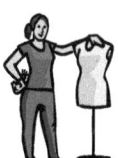

швачка

ompelija

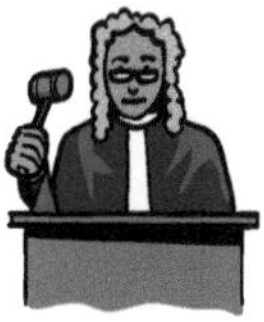

суддзя

tuomari

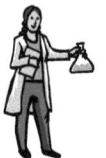

хімік

kemisti

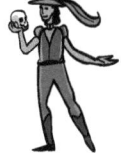

артыст

näyttelijä

кіроўца аўтобуса

linja-autonkuljettaja

таксіст

taksinkuljettaja

рыбак

kalastaja

прыбіральшчыца

siivooja

страхар

katontekijä

афіцыянт

tarjoilija

паляўнічы

metsästäjä

мастак

maalari

пекар

leipuri

электрык

sähköasentaja

будаўнік

rakentaja

інжынер

insinööri

мяснік

teurastaja

сантэхнік

putkiasentaja

паштальён

postinjakaja

салдат

sotilas

архітэктар

arkkitehti

касір

kassanhoitaja

фларыст

floristi

цырульнік

kampaaja

кандуктар

konduktööri

механік

mekaanikko

капітан

kapteeni

стаматолаг

hammaslääkäri

вучоны

tiedemies

рабін

rabbi

імам

imaami

манах

munkki

святар

pappi

інструменты
työkalut

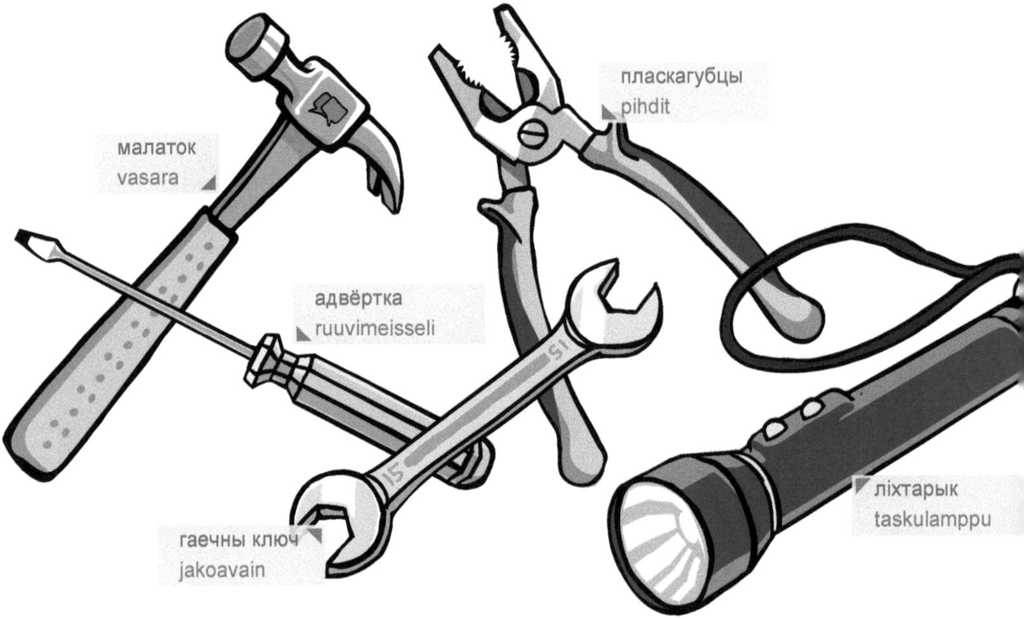
пласкагубцы
pihdit
малаток
vasara
адвёртка
ruuvimeisseli
ліхтарык
taskulamppu
гаечны ключ
jakoavain

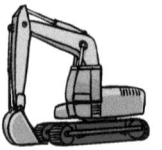

экскаватар

kaivinkone

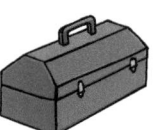

скрыня для інструментаў

työkalupakki

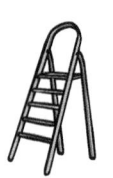

дравіны

tikkaat

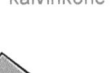

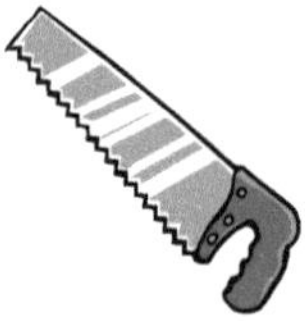

піла

saha

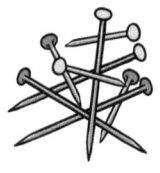

цвікі

naulat

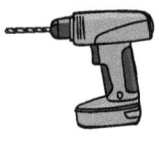

дрыль

pora

рамантаваць

korjata

рыдлеўка

lapio

Халера!

Hitto!

шуфлік для смецця

rikkalapio

вядро з фарбаю

maalipurkki

балты

ruuvit

музычныя інструменты
soittimet

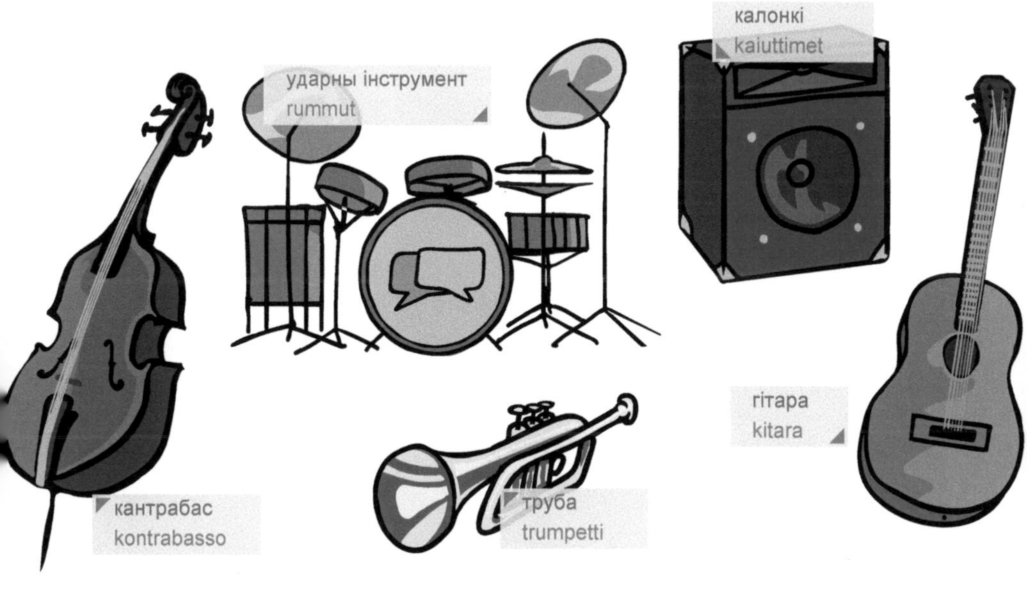

ударны інструмент
rummut

калонкі
kaiuttimet

гітара
kitara

кантрабас
kontrabasso

труба
trumpetti

піяніна

piano

скрыпка

viulu

басгітара

basso

літаўры

patarummut

барабан

rumpu

клавішны электрамузычны
інструмент

kosketinsoitin

саксафон

saksofoni

флейта

huilu

мікрафон

mikrofoni

заапарк
eläintarha

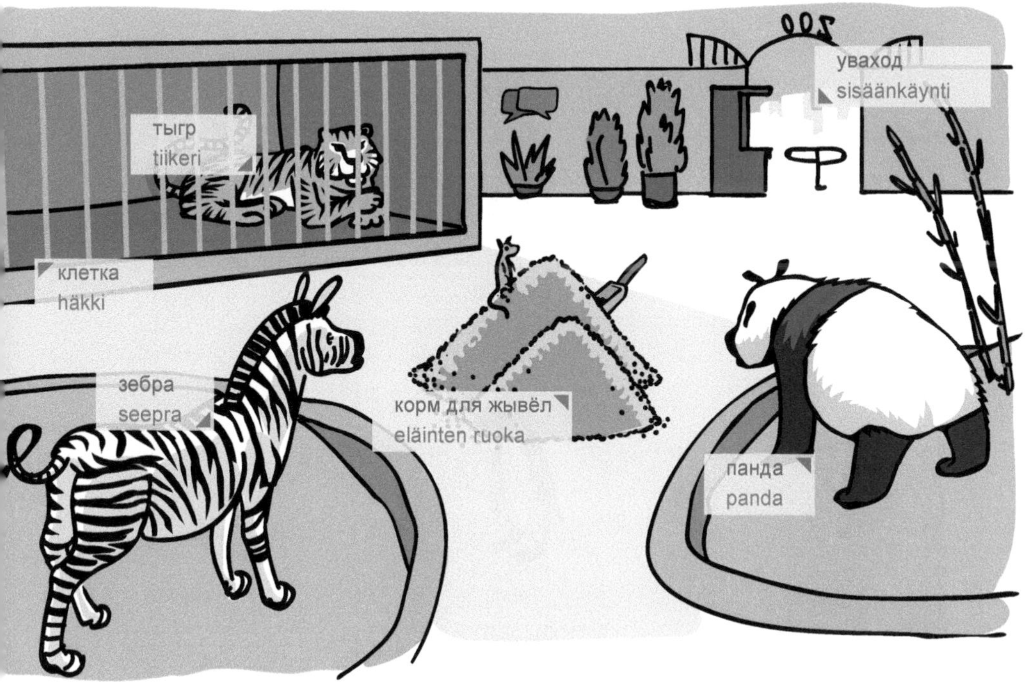

увахол
sisäänkäynti
тыгр
tiikeri
клетка
häkki
зебра
seepra
корм для жывёл
eläinten ruoka
панда
panda

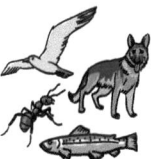

жывёлы

eläimet

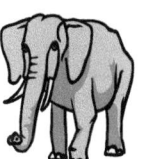

слон

norsu

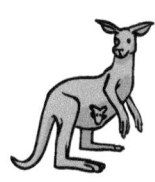

кенгуру

kenguru

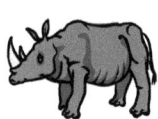

насарог

sarvikuono

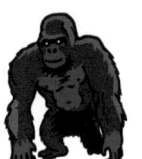

гарыла

gorilla

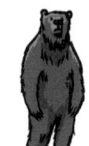

мядзведзь

karhu

вярблюд

kameli

стравус

strutsi

леў

leijona

малпа

apina

фламінга

flamingo

папугай

papukaija

белы мядзведзь

jääkarhu

пінгвін

pingviini

акула

hai

паўлін

riikinkukko

змяя

käärme

кракадзіл

krokotiili

наглядчык заапарка

eläintarhanhoitaja

цюлень

hylje

ягуар

jaguaari

поні

poni

леапард

leopardi

бегемот

virtahepo

жыраф

kirahvi

арол

kotka

дзік

villisika

рыбак

kala

чарапаха

kilpikonna

морж

mursu

ліса

kettu

газель

gaselli

амерыканскі футбол
amerikkalainen jalkapallo

веласпорт
pyöräily

тэніс
tennis

баскетбол
koripallo

плаванне
uinti

бокс
nyrkkeily

хакей з шайбай
jääkiekko

футбол
jalkapallo

бадмінтон
sulkapallo

лёгкая атлетыка
yleisurheilu

гандбол
käsipallo

горныя лыжы
hiihto

пола
poolo

скакаць
hypätä

абдымаць
halata

смяяцца
nauraa

спяваць
laulaa

ісці
kävellä

маліцца
rukoilla

цалаваць
suudella

марыць
unelmoida

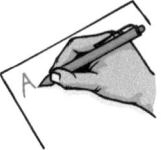

пісаць

kirjoittaa

маляваць

piirtää

паказваць

näyttää

націснуць

painaa

даваць

antaa

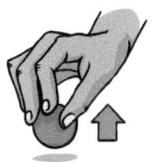

браць

ottaa

маць

omistaa

выконваць

tehdä

быць

olla

стаяць

seisoa

бегчы

juosta

цягнуць

vetää

кідаць

heittää

падаць

kaatua

ляжаць

maata

чакаць

odottaa

насіць

kantaa

сядзець

istua

апранацца

pukeutua

спаць

nukkua

прачынацца

herätä

глядзець

katsoa

плакаць

itkeä

лашчыць

silittää

прычэсвацца

kammata

гаварыць

puhua

разумець

ymmärtää

пытаць

kysyä

чуць

kuunnella

піць

juoda

есці

syödä

прыбіраць

siivota

кахаць

rakastaa

гатаваць

keittää

ехаць

ajaa

лятаць

lentää

плаваць пад ветразем

purjehtia

лічыць

laskea

чытаць

lukea

вучыць

oppia

працаваць

työskennellä

уступаць у шлюб

mennä naimisiin

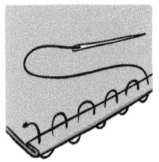

шыць

ommella

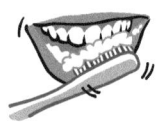

чысціць зубы

pestä hampaat

забіваць

tappaa

курыць

tupakoida

пасылаць

lähettää

сям'я
perhe

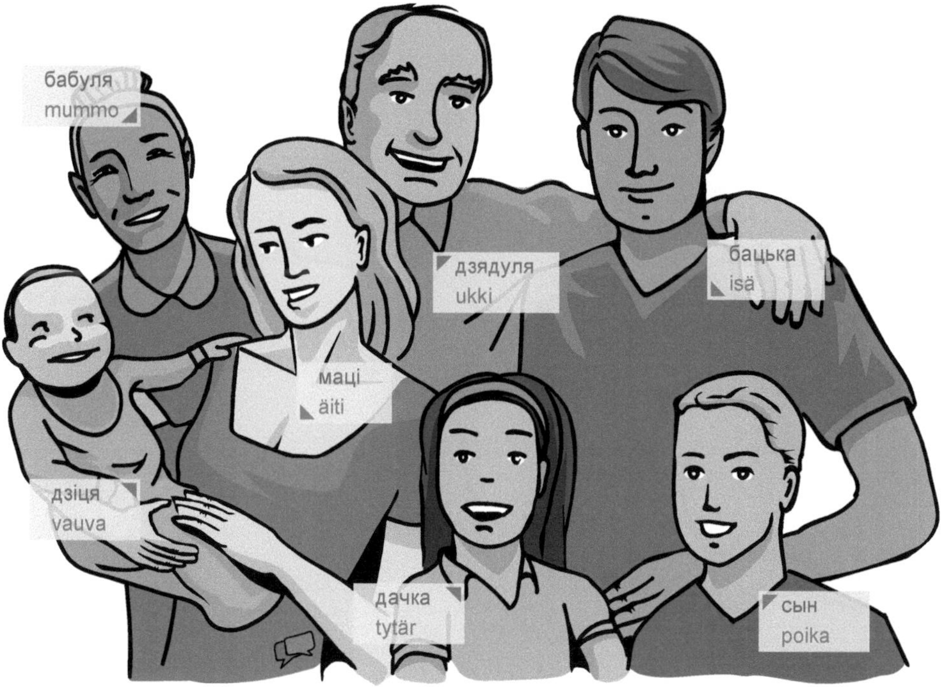

бабуля
mummo
дзядуля
ukki
бацька
isä
маці
äiti
дзіця
vauva
дачка
tytär
сын
poika

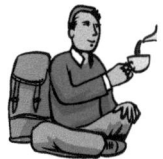

госць

vieras

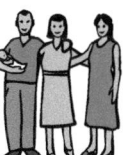

цётка

täti

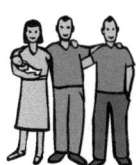

дзядзька

setä

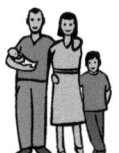

брат

veli

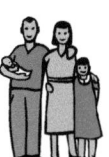

сястра

sisko

цела

vartalo

лоб
otsa
вока
silmä
плячо
olkapää
палец
sormet
твар
kasvot
падбародак
leuka
рука
käsi
грудзі
rinta
нага
jalka
рука
käsivarsi

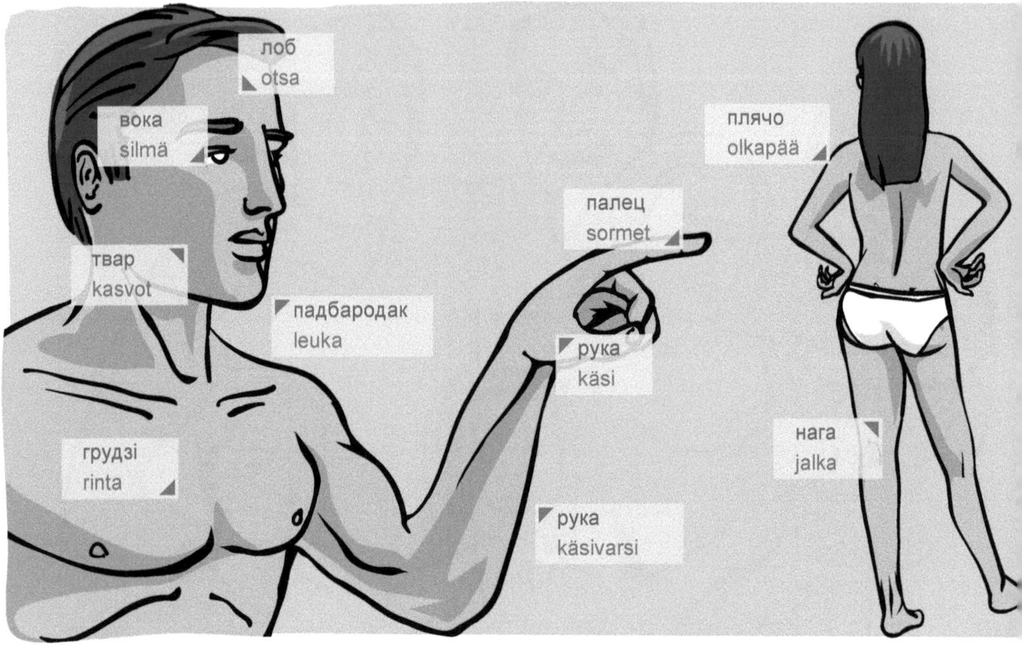

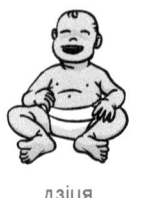

дзіця

vauva

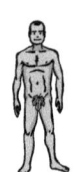

мужчына

mies

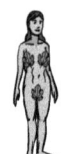

жанчына

nainen

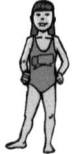

дзяўчынка

tyttö

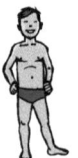

хлопчык

poika

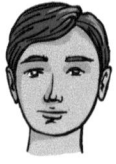

галава

pää

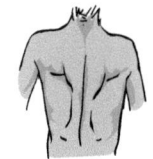

спіна
selkä

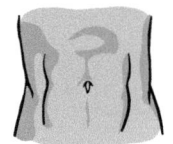

жывот
maha

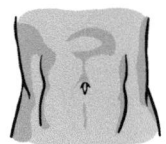

пуп
napa

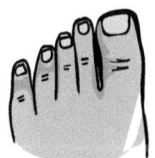

палец нагі
varvas

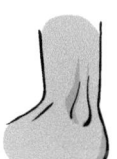

пятка
kantapää

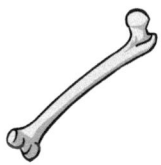

костка
luu

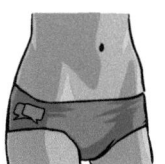

бядро
lantio

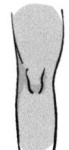

калена
polvi

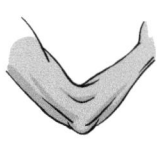

локаць
kyynärpää

нос
nenä

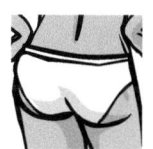

ягадзіца
takapuoli

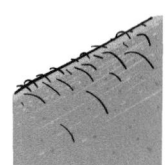

скура
iho

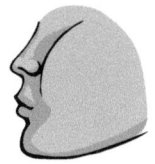

шчака
poski

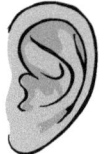

вуха
korva

губа
huuli

рот

suu

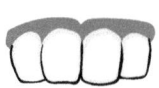

зуб

hammas

язык

kieli

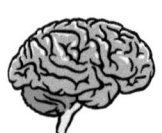

галаўны мозг

aivot

сэрца

sydän

мышца

lihas

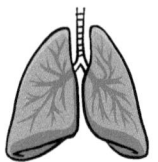

лёгкае

keuhkot

пячонка

maksa

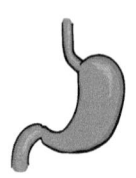

страўнік

vatsa

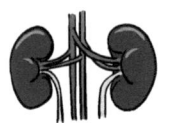

ныркі

munuaiset

сэкс

seksi

прэзерватыў

kondomi

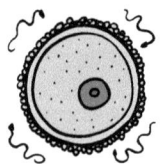

яйцаклетка

munasolu

сперма

sperma

цяжарнасць

raskaus

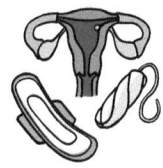

менструацыя

kuukautiset

похва

vagina

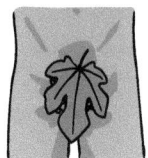

пеніс

penis

брыво

kulmakarvat

валасы

hiukset

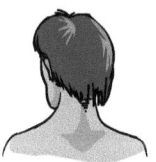

шыя

niska

шпіталь
sairaala

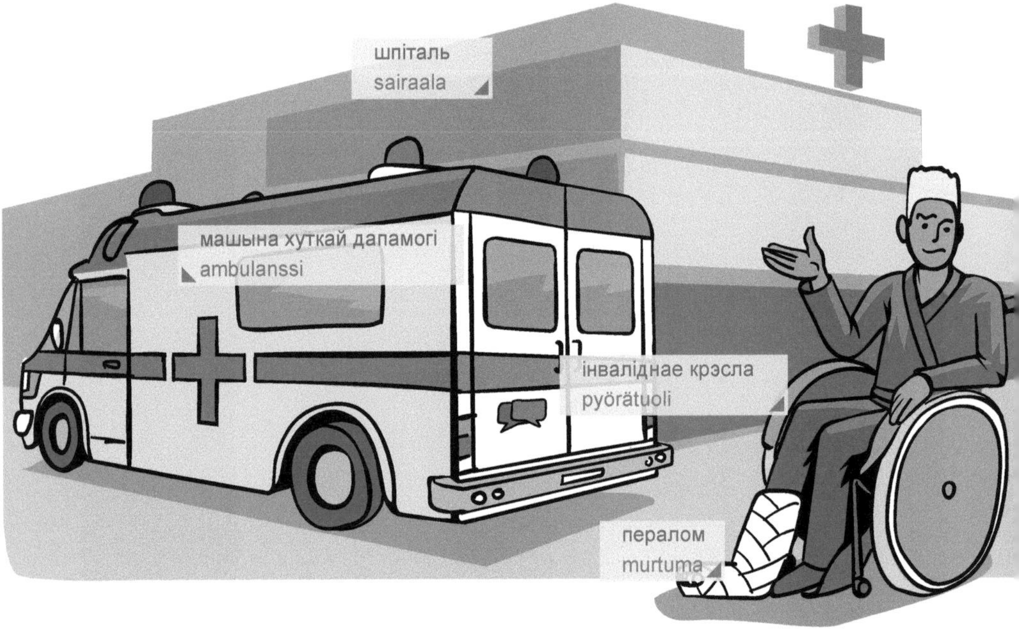

шпіталь
sairaala
машына хуткай дапамогі
ambulanssi
інваліднае крэсла
pyörätuoli
пералом
murtuma

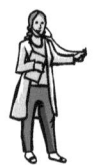

доктар

lääkäri

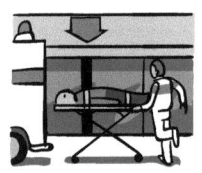

аддзяленне першай дапамогі

ensiapu

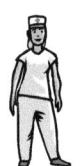

медсястра

sairaanhoitaja

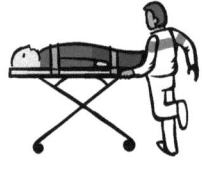

экстраная дапамога

hätätilanne

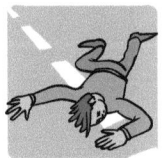

непрытомны

tajuton

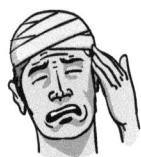

боль

kipu

траўма

vamma

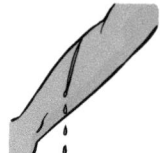

крывацёк

verenvuoto

інфаркт

sydänkohtaus

апаплексія

aivoinfarkti

алергія

allergia

кашаль

yskä

гарачка

kuume

грып

flunssa

панос

ripuli

галаўны боль

päänsärky

рак

syöpä

дыябет

diabetes

хірург

kirurgi

скальпель

veitsi

аперацыя

leikkaus

КТ
ct

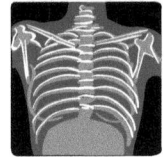

рэнтген
röntgen

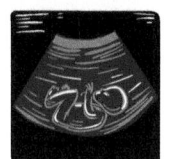

ультрагук
ultraääni

маска
maski

хвароба
sairaus

пачакальня
odotushuone

мыліца
sauva

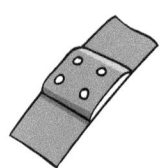

пластыр
laastari

бінт
side

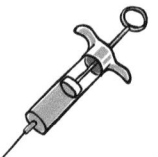

ін'екцыя
pistos

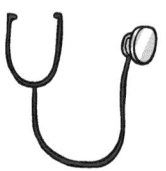

стэтаскоп
stetoskooppi

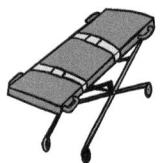

насілкі
paarit

градуснік
kuumemittari

нараджэнне
syntymä

лішняя вага
ylipaino

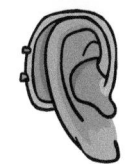

слухавы апарат

kuulolaite

дэзінфекцыйны сродак

desinfiointiaine

інфекцыя

infektio

вірус

virus

ВІЧ/СНІД

HIV / AIDS

лекі

lääke

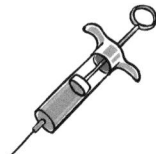

прышчэпка

rokotus

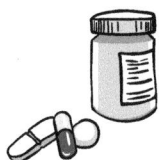

таблеткі

tabletit

супрацьзачаткавая таблетка

pilleri

экстраны выклік

hätäpuhelu

танометр

verenpainemittari

хворы / здаровы

sairas / terve

Ратуйце!

Apua!

сігналізацыя

hälytys

напад

ryöstö

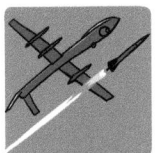

атака

hyökkäys

небяспека

vaara

аварыйны выхад

hätäuloskäynti

Пажар!

Tulipalo!

вогнетушыцель

palosammutin

аварыя

onnettomuus

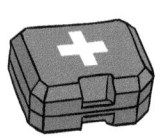

аптэчка

ensiapulaukku

COC

SOS

паліцыя

poliisilaitos

Еўропа

Eurooppa

Паўночная Амерыка

Pohjois-Amerikka

Паўднёвая Амерыка

Etelä-Amerikka

Афрыка

Afrikka

Азія

Aasia

Аўстралія

Australia

Атлантычны акіян

Atlantin valtameri

Ціхі акіян

Tyynimeri

Індыйскі акіян

Intian valtameri

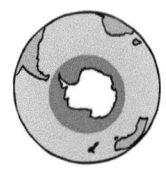

Паўднёвы ледавіты акіян

Eteläinen jäämeri

Паўночны ледавіты акіян

Pohjoinen jäämeri

Паўночны полюс

pohjoisnapa

Паўднёвы полюс

etelänapa

Антарктыда

Antarktis

Зямля

maa

краіна

maa

мора

meri

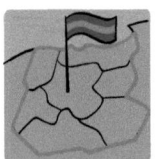

востраў

saari

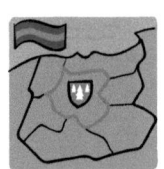

нацыя

kansa

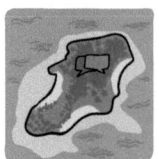

дзяржава

osavaltio

цыферблат

kellotaulu

гадзінная стрэлка

tuntiviisari

хвілінная стрэлка

minuuttiviisari

секундная стрэлка

sekuntiviisari

Колькі часу?

Paljonko kello on?

дзень

päivä

час

aika

зараз

nyt

электронны гадзіннік

digitaalikello

хвіліна

minuutti

гадзіна

tunti

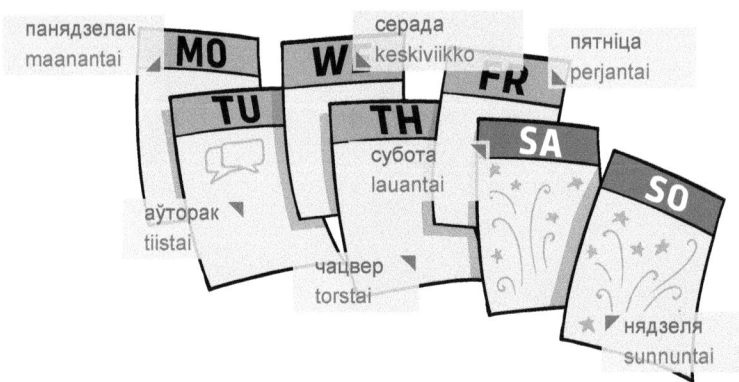

панядзелак
maanantai

серада
keskiviikko

пятніца
perjantai

субота
lauantai

аўторак
tiistai

чацвер
torstai

нядзеля
sunnuntai

ўчора

eilen

сёння

tänään

заўтра

huomenna

раніца

aamu

абед

keskipäivä

вечар

ilta

MO	TU	WE	TH	FR	SA	SU
1	2	3	4	5	6	7
8	9	10	11	12	13	14
15	16	17	18	19	20	21
22	23	24	25	26	27	28
29	30	31	1	2	3	4

працоўныя дні

työpäivät

MO	TU	WE	TH	FR	SA	SU
1	2	3	4	5	6	7
8	9	10	11	12	13	14
15	16	17	18	19	20	21
22	23	24	25	26	27	28
29	30	31	1	2	3	4

выхадныя

viikonloppu

дождж
sade

вясёлка
sateenkaari

вецер
tuuli

снег
lumi

вясна
kevät

восень
syksy

лета
kesä

зіма
talvi

4.APRIL	11°	☀
5.APRIL	4°	🌧
6.APRIL	13°	⛈
7.APRIL	8°	❄
8.APRIL	10°	☀

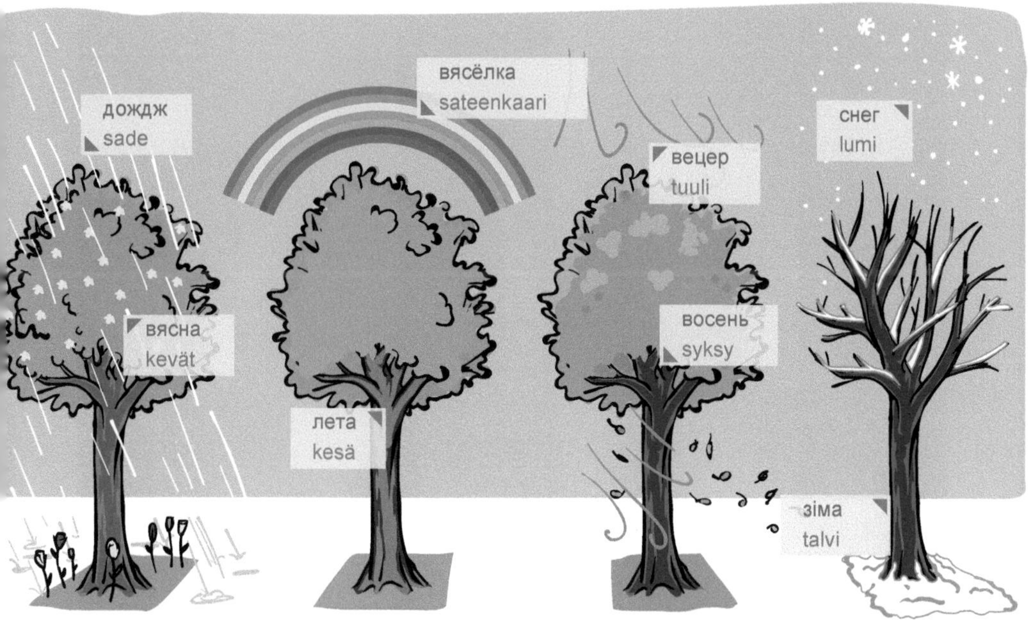

прагноз надвор'я

sääennuste

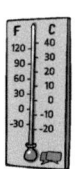

градуснік

lämpömittari

сонечнае святло

auringonpaiste

воблака

pilvi

туман

sumu

вільготнасць паветра

ilmankosteus

маланка

salama

гром

ukkonen

бура

myrsky

град

rae

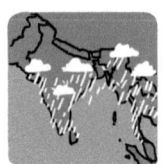

мусонны вецер

monsuuni

прыліў

tulva

лёд

jää

студзень

tammikuu

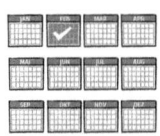

люты

helmikuu

сакавік

maaliskuu

красавік

huhtikuu

май

toukokuu

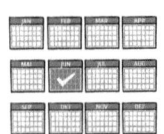

чэрвень

kesäkuu

ліпень

heinäkuu

жнівень

elokuu

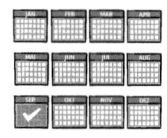

верасень
syyskuu

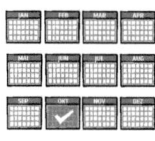

кастрычнік
lokakuu

лістапад
marraskuu

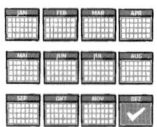

снежань
joulukuu

формы
muodot

круг
ympyrä

квадрат
neliö

прамавугольнік
suorakulmio

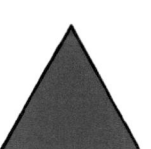

трохвугольнік
kolmio

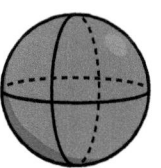

шар
pallo

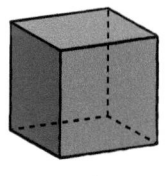

куб
kuutio

белы
valkoinen

жоўты
keltainen

аранжавы
oranssi

ружовы
vaaleanpunainen

чырвоны
punainen

фіялетавы
violetti

сіні
sininen

зялёны
vihreä

карычневы
ruskea

шэры
harmaa

чорны
musta

шмат / мала

paljon / vähän

злы / добры

vihainen / ystävällinen

прыгожы / брыдкі

kaunis / ruma

пачатак / канец

alku / loppu

высокі / малы

suuri / pieni

светлы / цёмны

vaalea / tumma

сястра / брат

veli / sisko

чысты / брудны

puhdas / likainen

поўны / няпоўны

täydellinen / epätäydellinen

дзень / ноч

päivä / yö

мёртвы / жывы

kuollut / elävä

шырокі / вузкі

leveä / kapea

ядомы / неядомы

syötävä / syömäkelvoton

злы / добры

paha / kiltti

узбуджаны / нудны

innostunut / tylsistynyt

тоўсты / тонкі

lihava / laiha

першы / апошні

ensimmäinen / viimeinen

сябар / вораг

ystävä / vihollinen

поўны / пусты

täysi / tyhjä

цвёрды / мяккі

kova / pehmeä

важкі / лёгкі

painava / kevyt

голад / смага

nälkä / jano

хворы / здаровы

sairas / terve

нелегальны / легальны

laiton / laillinen

разумны / дурны

älykäs / tyhmä

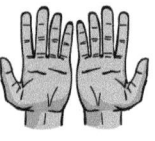

левы / правы

vasen / oikea

побач / далёка

lähellä / kaukana

новы / былы ва ўжыванні
....
uusi / käytetty

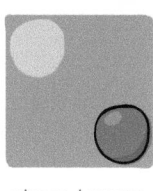

нічога / нешта
....
ei mitään / jotain

стары / малады
....
vanha / nuori

укл / выкл
....
päällä / pois päältä

адчынены / зачынены
....
auki / kiinni

ціхі / гучны
....
hiljainen / äänekäs

багаты / бедны
....
rikas / köyhä

правільна / няправільна
....
oikein / väärin

шурпаты / гладкі
....
karhea / sileä

сумны / шчаслівы
....
surullinen / iloinen

кароткі / доўгі
....
lyhyt / pitkä

павольны / хуткі
....
hidas / nopea

вільготны / сухі
....
märkä / kuiva

цёплы / халаднаваты
....
lämmin / viileä

вайна / мір
....
sota / rauha

0

нуль
nolla

1

адзін
yksi

2

два
kaksi

3

тры
kolme

4

чатыры
neljä

5

пяць
viisi

6

шэсць
kuusi

7

сем
seitsemän

8

восем
kahdeksan

9

дзевяць
yhdeksän

10

дзесяць
kymmenen

11

адзінаццаць
yksitoista

12

дванаццаць

kaksitoista

13

трынаццаць

kolmetoista

14

чатырнаццаць

neljätoista

15

пятнаццаць

viisitoista

16

шаснаццаць

kuusitoista

17

сямнаццаць

seitsemäntoista

18

васямнаццаць

kahdeksantoista

19

дзевятнаццаць

yhdeksäntoista

20

дваццаць

kaksikymmentä

100

сто

sata

1.000

тысяча

tuhat

1.000.000

мільён

miljoona

англійская

englanti

англійская (Амерыка)

amerikanenglanti

кітайская мандарынская

mandariinikiina

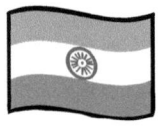

хіндзі

hindi

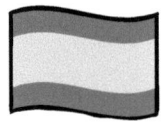

іспанская

espanja

французская

ranska

арабская

arabia

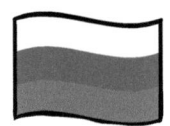

руская

venäjä

партугальская

portugali

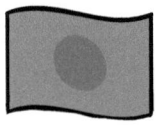

бенгальская

bengali

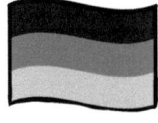

нямецкая

saksa

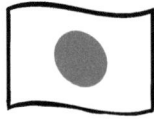

японская

japani

я
minä

ты
sinä

ён / яна / яно
hän

мы
me

вы
te

яны
he

хто?
kuka?

што?
mitä / mikä?

як?
miten?

дзе?
missä?

калі?
milloin?

імя
nimi

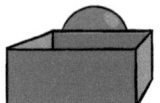

за

takana

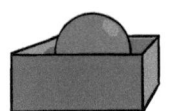

у

sisällä

перад

edessä

над

yläpuolella

на

päällä

пад

alapuolella

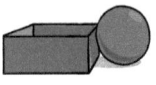

каля

vieressä

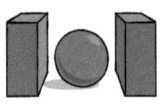

паміж

välissä

месца

paikka